未来遇见最好的自己

受伤
不再可怕

DO NOT BE AFRAID
OF INJURY

燕子 主编

哈尔滨工业大学出版社
HARBIN INSTITUTE OF TECHNOLOGY PRESS

图书在版编目(CIP)数据

受伤不再可怕：自救. 1 / 燕子主编. — 哈尔滨：哈尔滨工业大学出版社，2015.6
（未来遇见最好的自己）
ISBN 978-7-5603-5350-0

Ⅰ. ①受… Ⅱ. ①燕… Ⅲ. ①自救互救 – 少儿读物 Ⅳ. ①X4-49

中国版本图书馆 CIP 数据核字（2015）第 090670 号

未来遇见最好的自己

受伤不再可怕：自救 1

策划编辑	甄淼淼
责任编辑	甄淼淼　范业婷
文字编辑	葛文婷　苗　青
装帧设计	麦田图文
美术设计	Suvi zhao　蓝图
出版发行	哈尔滨工业大学出版社
社　　址	哈尔滨市南岗区复华四道街 10 号　邮编 150006
传　　真	0451-86414049
网　　址	http://hitpress.hit.edu.cn
印　　刷	牡丹江邮电印务有限公司
开　　本	889mm×1194mm 1/32　印张 4　字数 60 千字
版　　次	2015 年 6 月第 1 版　2015 年 6 月第 1 次印刷
书　　号	ISBN 978-7-5603-5350-0
定　　价	16.80 元

（如因印装质量问题影响阅读，我社负责调换）

前言

生活中总会出一些这样或那样的小状况：哎，怎么掉进泥潭里了，要把我变成泥人吗？可恶的鱼刺，为何卡住我的喉咙？失足掉进冰窟窿，这冷水要吞噬我的骨头吗？还有那极其可恶的栏杆，竟敢钳住我不放……

如果一时糊涂，倒霉的你真就遇到了大麻烦，你会自救吗？你会以什么样的方式拯救自己呢？或许你脑中早有对策，或许你脑中仍是一片空白，或许你像热锅上的蚂蚁一样不知所措。

不要紧，快快拿出这本"自救宝典"，仔细阅读吧，那里有和你一样同病相怜的朋友，他们会和你一起面对困境，找出最佳的解决方法。记住自爱、自救、自我保护很重要。

在这里我们要感谢曹庆文、钱宏伟、杨福军、李玉梅、张庆亮、张晓丽、史艳双和万杰等多位少儿专家的参与及支持。

Contents

目录

陷入泥潭 /6

卡在了冰窟窿里 /9

洪水来了 /12

食物中毒了 /15

鱼刺卡在了喉咙里 /18

身体卡在栏杆里出不来了 /22

饭粒呛进鼻子里怎么办 /25

游泳腿抽筋了 /28

有小偷时该如何应对 /31

被蛇咬伤了 /34

刮起了沙尘暴 /37

不小心被爆竹炸伤了 /40

擦伤膝盖怎么办 /44

脚上起泡了 /47

肚子疼时怎么办 /50

出租车走错路线 /53

球类打中眼睛怎么办 /56

电影院着火了 /59

被人索要钱财怎么办 /62

遭遇陌生人绑架 /66

和他人撞到一起 /69

被重物砸到 /72

不小心被摩托车撞倒 /75

关门时夹到手脚怎么办 /78

遇到打群架 /81

骨折了怎么做 /84

吃东西被噎住了 /88

晕车、晕船怎样应对 /91

溜冰摔倒了怎么办 /94

打碎了体温计 /97

牙痛怎么办 /100

洗澡时滑到了怎么办 /103

鼻子流血了 /106

辣椒气味钻进眼睛里 /110

腹泻了如何应对 /113

发现有人扒窃 /116

捉迷藏和同伴走失了 /119

从楼梯上摔下来怎么办 /122

头发卷进电吹风里 /125

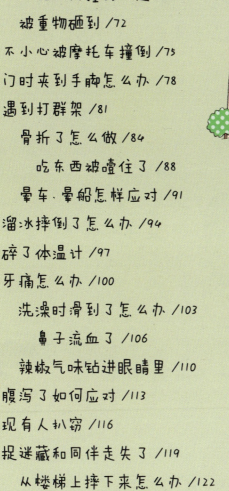

Danger

陷入泥潭

强强和小方去野外玩儿,他们看到远处的野花很漂亮,便过去摘,哪知道,一不小心强强和小方都掉进了泥潭里。这可怎么办呢?

1 强强双脚陷进去使劲往外拔。

2 小方用仰泳的姿势向泥潭边游。

3 小方抓住大石头往岸上爬。

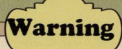

Warning

小朋友听我说

被泥潭困住了双脚,想要拔出来很困难,那么陷入泥潭时,我们该怎么办呢?

❶ 什么是泥潭?

答:通常为暴风雨所留下的小污水坑。也指那些深泥处或泥坑。泥潭一般在沼泽或潮湿、松软、泥泞的荒野地带。如果你看见寸草不生的黑色平地,就更要小心了。

❷ 陷入泥潭怎么办?

①不要慌张,不要使劲挣扎,否则会陷得更深。②若双脚陷入泥潭中,应立即躺在地面上,使劲把脚拔出来。③若身体陷入泥潭,可采取类似于仰泳的姿势慢慢地向泥潭边游,抓住边上比较坚硬的东西再爬出泥潭。④如果和老师或家人一起外出游玩,遇到这种情况要大声呼救。⑤到草地、泥潭或沼泽较多的地方时,最好找根又粗又长的木棍,随时试探地面的情况,避免危险发生。

强强和小方,出去玩儿不要到不熟悉的地方,因为你不知道那里的地形,容易发生危险。

动脑想一想,强强和小方的做法谁的对呢?

做任务

知识点延伸:给孩子讲讲什么是沼泽地? 什么是沼气?

★ 什么是沼泽地?

沼泽地指长期受积水浸泡,水草茂密的泥泞地区。

★ 什么是沼气? 沼气有哪些应用?

沼气就是甲烷,指沼泽里的气体。人们经常看到,在沼泽地、污水沟或粪池里,有气泡冒出来,如果我们划着火柴,可以把它点燃,这就是自然界产生的天然沼气。

沼气的应用:在我国,沼气作为能源最初主要被农村用户作为燃料使用,以解决秸秆焚烧和燃料供应不足的问题;还可以利用沼气燃烧发电,包括沼气燃料电池技术等。

Danger

卡在了冰窟窿里

寒假的一天,齐齐和伙伴看见湖面上结了冰,高兴得一个箭步就跳到了湖面上。只听"咔嚓"一声,齐齐掉到了冰窟窿里,齐齐吓坏了,你能告诉齐齐该怎么做吗?

1 找到较厚的冰面向上爬。

2 爬上来后,在冰面上走。

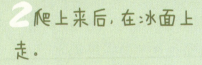

3 爬上来后,爬行向前移动。

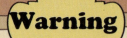

Warning

小朋友听我说

建议小朋友们去正规的滑冰场滑冰，不要到结冰的湖面上玩儿，那样很危险，如果掉进冰窟窿里，该怎样自救呢？

❶ 为什么冬天的湖面会结冰而湖底不结冰呢？

答：0~4摄氏度的水具有反膨胀性，即冷胀热缩。结冰时，水面温度为0摄氏度，而水下温度则高于0摄氏度。水结冰需要放热，由于冰是热的不良导体，湖面的水受到冰的阻隔，不容易放热，故不继续结冰。

❷ 掉到冰窟窿里该如何自救呢？

①保持镇定，将头露出水面，大声呼救。②选择相对较厚的冰面，用手扶住冰层往上爬。③从冰窟窿里爬出来时，不要在冰面上着急行走，应降低重心，趴在冰面上，双臂张开前进，以免再一次落入冰窟窿里。④上岸后，尽快找一个温暖的地方，换掉湿衣服，避免着凉感冒或是冻伤。

齐齐，湖面滑冰很危险，下次一定不要去了。

三种自救方式哪种是不正确的呢？

做任务

知识点延伸:给孩子讲讲有关"冰"的知识。说一说"冰"都有哪些趣闻?

★ 可以问问孩子是如何定义冰的。

冰其实就是固态水的 12 种结晶形式之一,其温度低,传递冷。

★ 让孩子说说冰的应用。

也许孩子会想到可乐里加的冰块,冬天美丽的冰雕,还有房檐下的冰溜,在冰场上可以滑冰等。哈哈,快归纳总结一下,冰都可以用来做什么?

★ 和孩子做个小游戏。

说说带"冰"字的成语都有哪些?看谁说得多,如冰清玉洁、冰天雪地、冰雪聪明等。

Danger

洪水来了

老师组织同学们观看了一场关于洪水的纪录片。洪水真可怕,瞬间就能将房屋冲毁,把人冲走。当洪水来临的时候,我们该如何自救呢?

1 洪水来了,小水爬到了树上。

2 大力用厚厚的被子堵住门口。

3 晨晨爬到在水面漂浮的木板上逃生。

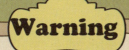

Warning

小朋友听我说

洪水犹如猛兽,当洪水到来时,我们应该采取什么办法呢?

❶ 什么是洪水?

答:洪水是自然灾害的一种,是指由于暴雨、急剧融冰化雪、风暴潮等自然因素引起的江河湖泊水量迅速增加,或者水位迅猛上涨的一种自然现象。

❷ 洪水来了怎么办?

①洪水来了不要慌,观察水势和地势,迅速朝地势较高的地方转移,可以爬到较高的树上,或是爬到木板等有浮力的物体上逃生。②如果你在房间内,外面水势很猛,来不及逃生的话,可以用厚被子等堵住窗子和门的缝隙,防止洪水大量快速涌进室内。③不要爬上土坯房,这样的房屋很容易被大水冲垮。④逃生时要多搜集一些食物及发信号的物品,如手电筒、口哨或颜色鲜艳的床单等。

组织学生观看关于洪水的纪录片,不仅让学生知道了洪水的危害,还了解了很多自救常识。

小水、大力和晨晨,你们都好棒哦!👍

做任务

知识点延伸：说一说什么是海啸及其危害性。

★ **什么是海啸？**

海啸就是由海底地震、火山爆发、海底滑坡或气象变化产生的具有破坏性的灾难海浪。如：

2004年12月26日的印度洋海啸，此次海啸仅次于1960年智利9.5级大地震引发的海啸，成为史上第二强震级海啸。

2011年3月11日，日本发生9.0级地震，引发了巨大海啸。

★ 和孩子一起看一些关于海啸的报道及图片，说说海啸的危害性。

海啸来时会掀起狂涛巨浪，高度可达十几米，甚至几十米，形成一个可怕壮观的"水墙"。当海啸到达岸边时，威慑力极大的"水墙"会挟着重达数吨的岩石、船只、废墟等杂物，浩浩荡荡地向内陆扫荡数千米，很多沿河地势低洼地区会被吞噬，造成重大人员伤亡和财产损失。

Danger

食物中毒了

周末,小峰和小辉出去玩儿,他们来到了有名的小吃一条街,两个人美美地大吃了一顿后回家了。可是到了晚上,小风和小辉都出现了食物中毒的症状,这可怎么办呢?

1 试图将吃的东西吐出来。

2 呕吐完立即喝杯淡盐水。

3 赶紧去医院检查。

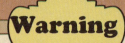

Warning

小朋友听我说

什么是食物中毒？食物中毒会有哪些症状，我们该采取怎样的措施？

1 什么是食物中毒？

答：食物中毒是指患者所进食物被细菌或细菌毒素污染，或食物含有毒素而引起的急性中毒性疾病。

2 食物中毒该怎么办？

①如果只是轻微的肚子疼，要试图将吃的东西吐出来，避免毒素被进一步吸收。②尽可能多喝开水或淡盐水，促进新陈代谢，使有毒物质尽快排出体外。③如果出现发烧、呕吐等比较严重的食物中毒症状，应该立即去医院就诊。④建议用塑料袋包好呕吐物，带到医院，方便医生尽快确诊。

小峰和小辉，吃东西的地点要选择干净卫生的环境。

图中三种急救措施都是正确的，你答对了吗？

做任务

说一说,吃东西时要注意哪些饮食卫生。

★ 家长是孩子的启蒙老师,家长要做孩子好的典范,饮食卫生方面更不能例外。

★ 让孩子先说一说,吃东西要注意哪些饮食卫生,然后家长进行提问和补充。

如过期食物不能吃,东西掉到地上弄脏了不能吃,半生不熟的食物不能吃,蔬果要洗干净才能食用等。吃了不干净的食物会导致腹泻、呕吐、甚至引发肠胃炎等疾病。

告诉孩子有了好身体,才能有好精神,才能痛痛快快地玩儿,专心致志地学习。

★ 通过以上学习,给孩子做个小测验,考考他。

Danger

鱼刺卡在了喉咙里

晚上,妈妈做了小年最喜欢吃的红烧鱼。真的好香啊,小年赶紧夹了一大块,一口塞进嘴里。"哎呀!"由于吃得太急,鱼刺卡在了喉咙里,难受极了,这该如何是好呢?

蕾娜:"哈哈,看你那馋样,鱼刺卡住了吧!"
霍佳:"别幸灾乐祸,好不好!"
哈利:"那滋味真不好受啊。"
维盟:"白衣天使一定有办法!"

"救人一命,胜造七级浮屠",伙伴们速速献策!

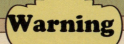

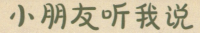

小朋友听我说

鱼肉营养价值很高,而且新鲜美味,我们都喜欢吃,不过万一鱼刺卡在喉咙里,你知道该怎么办吗?

❶ 鱼刺有毒吗?

答:所谓"鱼刺",就是鱼的骨头。一般的鱼刺是无毒的,例如我们常吃的鲫鱼、鲤鱼、鲢鱼、鲟鱼、刀鱼等,它们的鱼刺都是无毒的。

❷ 鱼刺卡在喉咙里怎么办?

①鱼刺卡在喉咙里,不要试图吃馒头或米饭等猛地咽下去,这样可能会使鱼刺刺破食管引起感染,还可能损伤其他脏器,更不要用手去抠。②如果鱼刺卡的位置比较浅,张开嘴巴可以看见,请爸爸或妈妈拿小镊子帮你夹出来。③如果鱼刺卡的比较深或是吞咽时,胸部有疼痛感,有可能鱼刺的位置已经到了食管,这就需要立刻去医院,让医生来处理了。

小年,吃东西要记得细嚼慢咽啊。

按照上面的方法做,相信我,没错的!

做任务

知识点延伸:有时吃鱼也会中毒,鱼的哪些部位不要吃?

★ 鱼的哪些部位不要吃?

淡水生鱼片:最好不要在没有煮熟的情况下食用,因为这些鱼类身体会有肝吸虫的卵,人在食用后对身体有害。

鱼头:由于人们对环境的污染,生活在水里的鱼体内积蓄了大量的金属污染物,如甲基汞,鱼头就是甲基汞含量最高的位置,严重者,尤其是孩子,将影响智力发育。

鱼腹黑膜:鱼肚内侧有一层黑色的薄膜,其主要作用就是防止鱼内脏的有害物质渗透到肌肉中去,但这也就意味着它是有毒物质的聚集地,吃鱼时一定要把黑膜去掉。

认识有毒的食物

民以食为天,食品对每个人都至关重要。但在生活中,我们常常因为对一些食物不了解,而误食中毒。你知道哪些食物是有毒的,不能被食用吗?下面就来介绍几种有毒的食物。

★ 发芽的马铃薯

储存时间过长的马铃薯,其表面会长绿芽。这种绿芽会产生一种叫龙葵素(又称茄碱)的毒素。当人体内摄入较多的龙葵素时,就会出现呕吐、腹泻、呼吸困难等中毒现象。

★ 鸡头

中国有句民谚:"十年鸡头胜过砒"。鸡在啄食时会吃进有害的重金属,这些重金属主要储存在脑组织中,因此当人们品尝美味的鸡头时,也会将有害的重金属摄入体内。如果食用过多,会出现头痛、恶心、抽搐、昏迷等中毒现象。

★ 腐烂的生姜

腐烂的生姜会产生一种毒性很强的物质——"黄樟素",会诱发肝癌、食道癌等。

★ 未成熟的青西红柿

未成熟的青西红柿中含有有毒物质——"龙葵素"。食用时,口腔会有苦涩感,会出现头晕、恶心等中毒症状。

身体卡在栏杆里出不来了

开心家的院子里有一圈铁栅栏。一天,开心想去铁栅栏外面的足球场玩,可是从门走要走很远的路,于是开心打算直接从栅栏里钻出去,可是没想到身体却卡在栅栏里出不来了,这可怎么办呢?

1 小刚强行往外钻。

2 浩浩大声呼救寻求帮助。

3 然然试着挪动身体想钻回去。

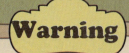

Warning

小朋友听我说

孩子们有时候淘气或是为了抄近路,总想钻栏杆,可是如果卡在栏杆中间出不来怎么办呢?

❶ 说一说钻栏杆的主要原因及其危险性。

答:主要原因:一是小孩子觉得好玩有趣;二是为了贪图方便,走捷径。

危险性:举止不文明的同时,易引发交通事故;一旦被栏杆卡住,解救不及时,会弄伤身体,如果颈部或头部被卡住,易导致死亡。

❷ 身体被栏杆卡住出不来怎么办?

①不要强行使劲往外钻,这样不但不会钻出去,强烈的摩擦会将身体弄伤。②试着慢慢挪动身体,看能不能从钻进来的那一面再钻回去。③如果身边有伙伴,赶紧叫伙伴立刻去通知家长或老师。④如果身边无人,要用力大声呼救,这样附近的人听到了,就会来帮助你。

开心,不要认为钻栅栏是走捷径,要知道做任何事情都要以安全为重。

小刚,使蛮力是不行的。

做任务

举事例,告诉孩子很多事情是无法走"捷径"的。

★ 用事实说话。

给孩子讲讲由于贪玩或贪图方便"走捷径"钻栏杆,致使身体卡进栏杆里受伤,甚至死亡的新闻事件,让孩子谈谈自己的感受,说一说自己是否有过这样的危险行为。

★ 什么是"捷径"?哪些捷径可以走,哪些是不可以走的?

"捷径"指近便的小路,比喻不走正轨,快速成功的方法或手段。

很多事情是无法走"捷径"的,例如我们的生命只有一次,失去了就无法重生,明知是危险的"捷径"还要去做,这就是拿生命当赌注,赌注会让你失去生命,让你的家人痛不欲生,这样的"捷径"是极其可怕的。

学习有"捷径"吗?学习也无"捷径"可走,告诉孩子所谓一分耕耘一分收获,不靠努力和勤奋就想不劳而获是不会学有所成的。

Danger

饭粒呛进鼻子里怎么办

吃饭时,调皮的小宇一边看电视一边吃饭。小宇被电视节目逗得哈哈大笑,不小心把饭粒呛进了鼻子里,好难受啊!谁能来告诉小宇究竟该怎么办呢?

1 使劲呼气,将饭粒喷出来。

2 拿来纸巾擤鼻子。

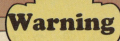

Warning

小朋友听我说

吃饭时不专心,总是说笑打闹,就很可能把小饭粒呛进鼻子里,你知道把饭粒呛进鼻子里应该怎么处理吗?

❶ 认识鼻子。

答:鼻子由外鼻、鼻腔、鼻旁窦三部分构成。鼻子是呼吸兼嗅觉器官,对于动物来说鼻子的用处特别大,具有辨认敌我、捕猎、寻偶和捕食等功能。

❷ 饭粒呛进鼻子里该怎么办呢?

①饭粒呛进鼻子后,要停止继续吃饭,不要使劲吸气,以免饭粒被吸进喉咙,造成呼吸困难。②憋足一口气使劲呼气,反复几次可能就会将饭粒带出来。或者拿出纸巾擤鼻子,反复几次也会将饭粒喷出来。

小宇,下次在吃饭的时候,不要再看电视或看画报了,以免饭粒再次呛进鼻子里。

使劲呼气和擤鼻子是两种简单快速的急救方法。

做任务

和孩子说说吃饭的学问？

★ 家长要抓住孩子吃饭的时机，指导孩子正确的就餐方法。

吃饭时要专心致志，不说笑打闹，防止饭粒呛进鼻子、气管里发生危险；不要看书、看报、看电视以免造成消化不良；不要偏食、挑食，这样会造成营养不良，也不要贪食，这样会增加胃肠负担。

★ 吃的食物要健康营养卫生。

尽可能少吃油炸膨化食品；不要被小食品五颜六色的包装所迷惑，很多小食品含有大量的色素、防腐剂，不利于儿童身体健康；

吃饭时要注意饭、菜的冷热程度，太热、太冷都是不好的。

★ 家长做表率，首先自己先改掉身上的不良习惯，这样才能给孩子做榜样。要知道孩子善于模仿，久而久之，好的习惯就自然养成了。

Danger

游泳腿抽筋了

星期天,小海和妈妈去游泳馆游泳,刚一进游泳馆,小海就迫不及待地跳到水里游了起来。可是不一会,小海突然腿抽筋了,这可如何是好呢?

1 波波在水里使劲挣扎。

2 华华按住抽筋那条腿的膝盖,使劲伸直腿。

3 小东把头浮出水面,大声呼救。

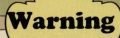

小朋友听我说

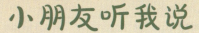

游泳是一项有益于身体健康的运动,不过游泳也难免会有抽筋的情况发生,抽筋了该怎么办呢?

1 游泳的装备主要有哪些?都有什么用途?

答:①泳衣泳裤:遮挡身体重要部位,防止细菌侵入。②泳帽:防止头发散乱,如果水质不好会影响发质。③泳镜:预防眼部疾病,纠正在水中睁不开眼的毛病。④耳塞:防止耳朵进水,影响听力。⑤鼻夹:防止水进入鼻孔,强制用嘴吸气,避免呛水。

2 游泳时腿抽筋了怎么办?

①游泳时腿抽筋千万不要慌张使劲挣扎,这样反而会使抽筋症状加剧。②如果是大腿发生抽筋,可以用手按住抽筋那条腿的膝盖,使劲伸直腿,一会症状就可以缓解。③如果自己处理不了,应大声呼救并与前来救援的人主动配合。

小海,快大声呼喊妈妈来帮忙。

波波,使劲挣扎是无效的,很可能会发生溺水。

做任务

知识点延伸：孩子有时会有腿抽筋的现象，家长该如何帮助孩子呢？

★ 了解孩子腿抽筋的原因。

儿童腿抽筋一般是由缺钙造成的，钙是促进儿童骨骼和牙齿生长发育的主要矿物质，儿童在快速发育的过程中是很容易缺钙的。

★ 腿抽筋怎么办？

给孩子补钙。多吃一些含钙高的食物，如牛奶、豆制品、虾皮、鱼肉等；

抽筋部位用热毛巾敷，轻轻按摩抽筋部位或舒展抽筋部位的肌肉。

★ 如何预防腿抽筋？

注意饮食健康；半夜睡觉注意保暖；经常喝水；经常锻炼身体。

Danger

有小偷时该如何应对

大兵放学回家,发现有个人在自己家门口鬼鬼祟祟地张望,仔细一看,自家的门被撬开了,如果你是大兵,你该如何应对呢?

1 发现有小偷,赶紧去报警。

2 冲进去和小偷搏斗。

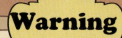

小朋友听我说

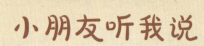

发现家中有小偷,是应保持冷静去报警还是与小偷拼命搏斗呢?下面的几点将为你一一解答。

❶ 发现小偷时,学会观察很重要。

答:发现小偷,不要打草惊蛇,记住可疑人的外貌特征,为破案提供线索;如果门口发现可疑车辆或陌生车辆,要把它的车牌号和车型特征记下来,以便给警察提供更详细的信息,便于快速侦破。

❷ 家中有小偷,该如何应对?

①不要大喊大叫,更不能冲进屋去抓小偷,你还太小,不但不能保护家里的财产安全,甚至还会使自身受到伤害。②赶快去给爸爸、妈妈打电话或是拨打报警电话110。③也可以去向小区物业人员或周围邻居寻求帮助。④找一个离自己家很近的地方躲起来,保护自身安全,并暗中观察小偷动向。

大兵,这回你知道该怎么做了吧!

不要和小偷当面对决,这是相当危险的行为,可能会为此丢掉性命。

做任务

教育孩子如何提防小偷。

★ 低调做人，不要炫富，尤其不要在人口密集处外露钱财；

★ 不要将钱或贵重物品随意放在外衣兜里，尽量保持口袋平滑；在公交车或地铁上，背包尽量放前面；

★ 在等车、购物、餐厅就餐时，要看紧自己的拎包和口袋，避免去人多的地方与陌生人搭讪或发生触碰；

★ 外出时，要关好门窗，看到门口有不明标记，要擦掉。告诉孩子遇到鬼鬼祟祟行踪可疑的人，要赶紧避开，提高警惕，保护好自己的同时，及时通知父母。

Danger

被蛇咬伤了

张成、春晖和琳琳去树林里玩捉迷藏。张成躲在了一棵大树旁,结果没想到被一条小蛇咬伤了腿。你知道该怎么处理吗?看看下面的处理方法都正确吗?

1 张成没理会,继续与春晖和琳琳玩儿。

2 春晖赶紧用布将张成的伤口绑住。

3 琳琳赶紧拨打急救电话,请医生帮忙。

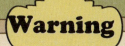

Warning

小朋友听我说

在野外树林里游玩的时候,稍有不慎就有可能被蛇咬伤,下面几点简单的处理方法你要牢记于心哦。

❶ 认识蛇。

答:蛇身体细长,四肢退化,无可活动的眼睑,无耳孔,无四肢,无前肢带,身体表面覆盖有鳞,部分有毒,但大多数无毒。所有蛇类都是肉食性动物。目前全球共有三千多种蛇类。

❷ 被蛇咬伤了怎么办?

①被蛇咬伤后可以用绳子或者布条绑住受伤部位的上方,这样可以阻挡毒液的扩散。②可以在伤口及四周抹上一些肥皂,用清水冲洗伤口,并且用手按压伤口四周,挤出淤血。③进行简单处理后,应该立即去医院,请医生帮忙。

建议大家在捉迷藏的时候,一定要选择安全的地点。

哪种处理方法是不正确的呢?

做任务

给孩子介绍几种毒蛇,讲讲什么是"抗蛇毒血清"。

★ 什么是毒蛇?

即指能分泌特殊毒液的蛇类,毒蛇的毒液通常从尖牙射出,用来麻痹敌人。毒蛇的毒液只能在血液中起到作用,而饮用毒液则不会对人体造成伤害。

我们经常听说的毒蛇有:竹叶青蛇、眼镜蛇、蝮蛇、蝰蛇等,野外活动时一定要多加注意。

★ 什么是"抗蛇毒血清"?

抗蛇毒血清含有特异性抗体,具有中和相应蛇毒的作用。用于蛇咬伤者的治疗。被毒蛇咬伤后,要迅速注射相应的抗蛇毒血清,越早越好,避免延误治疗。

Danger

刮起了沙尘暴

一天,卓凡和小伙伴正在楼下玩儿,玩得正高兴时,天空突然变得昏黄起来,糟糕,沙尘暴来了!此时的卓凡和他的小伙伴该怎么办呢?

1 迅速向家里跑去。

2 找到背风的墙角蹲下来。

Warning

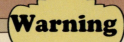

小朋友听我说

细小的沙粒随风在天空飞舞,整个天空都变成黄色了,沙尘暴来啦!此时的你该怎么办呢?

❶ 什么是沙尘暴?

答:沙尘暴是指强风将地面尘沙吹起使空气变混浊,水平能见度小于1千米的天气现象。沙尘暴天气主要发生在冬春季节。

❷ 刮沙尘暴怎么办?

①如果你正在房间里,千万不要出门,应马上关闭门窗。②如果你在外面玩耍,要飞快地跑回房间里。③如果来不及跑回家,千万不要迎着风走路,应立即找一个背风的墙角蹲下来等沙尘暴停了再走。

沙尘暴来了,卓凡快和小伙伴们一起回家吧。

以上两种措施都是正确的☺,你答对了吗?

做任务

和孩子讲讲沙尘暴都有哪些危害。

★ 沙尘暴天气是我国西北地区和华北北部地区出现的强灾害性天气,主要产生的危害如下:

使生态环境恶化:狂风裹着沙石、浮尘到处弥漫,空气变得浑浊,呛鼻迷眼,引起呼吸道等疾病;

影响生产和生活:能见度低,使人心情郁闷,影响工作和学习效率;加剧土壤沙漠化,影响光合作用,造成作物减产等;

生命财产受到损失:供电受阻,易造成火灾、人畜伤亡等;

阻碍交通安全:能见度低,易导致交通事故。

★ 沙尘暴的预防。

主要是恢复植被,植树造林,防止土地沙化进一步扩大,与此同时做好科普宣传,保护好我们的环境。

Danger

不小心被爆竹炸伤了

大年初一的早晨，小伟和爸爸到楼下去放爆竹。趁爸爸绑爆竹的时候，小伟偷偷地拿了一根小爆竹去放，没想到一不小心炸伤了手，真危险啊！

放爆竹被炸伤时，我们该怎么办呢？

1 晓航用布绑住炸伤的部位上方。

2 思思眼睛被炸伤后立即去医院。

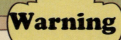

Warning

小朋友听我说

逢年过节,中国有燃放烟花爆竹的习俗。可是我们要知道烟花爆竹很危险,如果被炸伤了,该怎么办呢?

❶ 介绍烟花爆竹。

答:烟花爆竹是易燃易爆的危险物品。是以烟火药为主要原料制成的,引燃后通过燃烧或爆炸,产生光、声、色等效果,主要用于观赏。

❷ 被爆竹炸伤了该怎么办?

①炸伤后,应该立即在炸伤的部位抹上止血药膏。②如果炸伤的部位出血量大,应用橡皮带或粗布绑住出血部位的上方,进行简单处理后,去医院请医生治疗。③如果炸伤部位是眼睛,应立即去医院。

小伟,烟花爆竹是危险品,大人燃放时,你在远处观看就好。

晓航和思思的处理方法是对的。

做任务

跟孩子讲讲烟花爆竹的危险性。

★ 用实际事例说话,是最有说服力的。搜集一下关于被烟花爆竹炸伤的报道,说给孩子听,提醒孩子不要去碰烟花爆竹。

★ 烟花爆竹的危险性。

不要在阳台或公共场所等地燃放烟花爆竹,要远离人群和堆放易燃物品的地方,以免伤人或引起火灾;

严禁用点燃的烟花爆竹"打人",以免烧伤他人或自己;

不要手持烟花燃放,那样很容易炸伤手;

点燃的爆竹如果灭了或长时间没有反应,不要急于上前查看,以防突然爆炸;

大人燃放烟花时,要远观,不要近瞧,以免炸伤眼睛等部位。

常用报警电话　自救小知识 Knowledge

★报警求助拨打110

电话拨通后说明警情发生的时间和具体位置，尽量告知确切位置，以缩短民警到达现场的时间；简单介绍现场情况，有无伤亡，嫌疑人所用武器、逃跑方向等；并向民警提供自己的姓名和电话，以便警务人员联系。

★交通事故拨打122

电话拨通后，要向警务人员说明事故发生的时间、地点、车型、车牌号、事故原因、有无伤亡、肇事者是否逃逸、事故现场是否交通拥堵等，并向警务人员提供自己的姓名和联系方式等。

★医疗急救拨打120

电话拨通后要告知医护人员具体的地址；说明病人现在的情况，以方便医护人员准备急救设备和采取相应的急救措施；告知自己的姓名及联系方式；与此同时，准备好病人的常用药品及衣物等，并随时向急救人员报告病人的情况。

★火警拨打119

电话接通后要详细说出起火的具体场所，如商店、民宅、仓库等；什么东西着火，着火原因，有无受伤、被困人员，是否发生易燃易爆液体、气体泄漏或爆炸，火势如何等。同时将自己的姓名、电话告知警务人员，方便联系。

Danger

擦伤膝盖怎么办

皮皮和伙伴们玩游戏,一不小心摔倒了,膝盖擦伤了还出了很多血。你们知道该怎么处理吗?下面是皮皮膝盖擦伤后的一些做法,快来排排顺序吧!正确的顺序是_____

1 用干净的纱布包扎伤口。

2 把淤血挤出来。

3 用清水清洗伤口。

4 涂抹药膏。

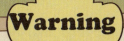

小朋友听我说

和同学奔跑玩耍时,免不了会擦伤膝盖。当擦伤膝盖,鲜血直流时,你知道该如何处理吗?

❶ 说一说膝关节及其作用。

答:膝关节由股骨内、外侧髁和胫骨内、外侧髁,以及髌骨构成,是人体最大且构造最复杂、损伤概率较大的关节。其重要作用就是帮助双腿灵活自由地运动,屈伸自如。

❷ 擦伤膝盖怎么办?

①将伤口及四周的泥土马上擦掉,并且迅速用清水清洗伤口,以免导致伤口感染。②用双手轻轻挤压伤口四周,将伤口内的淤血挤出来。③用干净的棉棒在伤口处涂上一些红药水或是杀菌的药膏,然后用干净的纱布将伤口包扎起来。

注意清洗伤口时要从伤口处向外擦拭,如果受伤比较严重要立即去就近的医院,请医护人员帮助处理。

答案是3241,你答对了吗?

做任务

告诉孩子如何保护好自己的膝关节。

★ 让孩子了解膝关节的作用,可以和孩子做个小游戏:双腿不弯曲进行走、蹲、跳等动作,结果会是什么样呢?

★ 如何保护好膝关节?

注意走路和干活的姿势,避免长时间蹲着,因为下蹲时膝关节的负重是自身体重的 3~6 倍;

避免身体肥胖,防止加重膝关节的负担;

参加体育锻炼时,要做好热身准备,让膝关节充分活动开再进行运动;

天气寒冷时,要注意保暖,防止膝关节受凉;

在饮食方面可多吃一些含有蛋白质、钙质、胶原蛋白、异黄酮的食物,如牛奶、豆制品、海带、木耳等,既能补充营养,又能更好地促进儿童骨骼、关节的生长发育。

脚上起泡了

妈妈给小镇买了一双新的运动鞋,小镇迫不及待地穿上就和同学们去踢足球了,结果脚被磨了个大水泡,你们快给小镇出个主意吧,起了水泡好难受啊。

川香:"这家给你美的,刚买就穿上了。"
弘一:"哈哈,看你那脆弱的脚丫子吧。"
青梅:"切,多大点事。"
竹马:"快用创可贴呀!"

大家别说风凉话啊!说点有价值的!

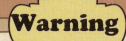

小朋友听我说

鞋子不舒服或者路走多了,脚上就会磨起大水泡,起了水泡走路好疼啊,这可怎么办呢?

❶ 脚上起泡的主要原因。

答:水泡的产生是由于脚底汗湿,表皮软化,足掌长时间着力和摩擦,促使局部组织液渗出而形成,与鞋袜、行走姿势、道路不平和自身缺乏锻炼等因素有关。

❷ 脚上起泡了怎么办?

①如果脚被磨红了,在磨红部位贴上创可贴,以减少鞋与皮肤的摩擦。②如果脚上已经被磨起了泡,先用热水泡脚,之后拿消过毒的针刺破脚上的水泡,使泡里的液体流出。③将水泡挤压干净,涂上消毒药膏或贴上创可贴,以免细菌感染。④千万不要触摸患处,以免伤口感染;换掉袜子,适当放松脚。

小镇,按照上面的方法,试着处理一下。

"千里之行始于足下",保护好双脚很重要。

做任务

教孩子如何预防脚起泡?

★ 首先鞋袜要穿着适当,鞋子不宜过高或过小,长途旅行或锻炼身体时要穿半新的胶鞋或布鞋,不要穿皮鞋或高跟鞋;袜子要无漏洞,透气性好,要保持鞋袜干燥;

★ 徒步运动要循序渐进,尽量保持匀速,落地要稳;

★ 临睡前可以用热水泡泡脚,减轻疲劳,促进血液循环,洗完双脚,也可以用润肤乳擦拭双脚,适当按摩足底;

★ 出门前,多做准备,看好地图,了解路况及附近公交线路,避免走冤枉路,保护好双脚。

肚子疼时怎么办

Danger

晚饭后，南南和爸爸坐在沙发上看电视，突然南南的肚子疼了起来，爸爸赶紧带南南去了医院。肚子疼一定要对症下药，你能给南南一些好的建议吗？

1 凯凯吃坏了肚子，找治疗腹泻的药吃。

2 大宝随便找了一粒药吃。

3 雯雯让爸爸立刻送自己去医院。

Warning

小朋友听我说

肚子疼不是小问题,许多家长和孩子都会忽视它,肚子疼的原因有很多种,不要掉以轻心。

❶ "肚子痛"到底是哪里痛呢?

答:"肚子"也是腹部的俗称。人体腹腔里的胃、肠、肝、胆等器官时常会发出疼痛信号,肠胃炎、胃炎、胆结石、盲肠炎等疾病引起的"肚子痛",医学上就是"腹痛"。

❷ 肚子疼时怎么办?

①如果只是简单地吃坏了东西,可以吃一些有助于消化或治疗腹泻的药物,症状很快就会减轻。②如果不能确定是哪里疼痛或是不知道是什么原因导致肚子疼,不要随便乱吃药,要立刻告诉家长或直接去医院检查,以免延误治疗时间。

南南,不要怕,到了医院要仔细回答医生的询问,帮助医生尽快找出病因。

大宝,随便吃药有危险,要对自己负责!

做任务

知识点延伸:我们常说的"岔气"是怎么回事?

★ 什么是"岔气"?

岔气,又称运动岔气或运动急性胸肋痛,是指在体育运动中,特别是因跑步所引起的胸肋部产生的疼痛。其多发生在右下肋部,在运动停止后会自然消失。

★ "岔气"的原因是什么?

主要是在做剧烈运动之前,没有做好充分的准备活动,内脏器官惰性大,无法满足紧张的肌肉运动时所需要的养料和氧气,因此使呼吸肌紧张痉挛,或在运动中呼吸不得法导致"岔气";也可能是由于经常未参加体育锻炼或天气过冷导致"岔气"。

★ "岔气"了怎么办?

采用腹部按摩、缓慢深呼吸或腹式呼吸可减轻疼痛。

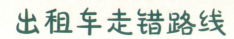

出租车走错路线

早上,由于爱睡懒觉的民民起床晚了,他只好打出租车去学校。可是,走着走着,民民发现这不是自己去学校的方向呀!这时的民民该怎么办呢?

1 将路线再次告诉司机一遍。

2 朝车外人多的地方大喊救命。

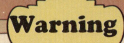

Warning

小朋友听我说

如果你乘坐的出租车没有按照你要求的地点走,而是开往了别的地方,你该怎么做呢?

❶ 和同学结伴打车;不要选择偏僻的地方打车,要求司机走能见度好,车辆行人较多的地方;不要选择没有牌照的车,要选择正规公司的车;将所坐的士的车型、车号、上下车的地点告知家长;尽量不要与司机发生争执,避免发生意外。

❷ 出租车走错了路线怎么办?
①将正确路线再告知司机一遍,也许他真的忘记了。②告知后如果他依旧不管不顾,切记不要大声喊叫激怒他,更不要和他搏斗,可以和他聊天,试图打消他对你不利的念头。③开到人多的地方时,将车窗慢慢摇下,向窗外的人群喊"救命"。

民民,司机不一定是坏人,可能他真的没听清你说的地址,再把你要去的地方告诉他一遍吧。

如果司机露出恶人本相,一定要与他斗智斗勇,不要硬拼。

做任务

给孩子讲讲出租车的收费方式及搭乘方法。

★ 出租车的收费方式。

　　出租车也称"计程车",标准客运出租车都是按公里数计费的,但同时计费表还会计算慢速行驶时间,也就是等待时间(红绿灯等)。一般的收费项目包括起步价(3公里内),里程价(超出3公里,每公里收费价),等候费,燃油附加费。

★ 较为快捷的搭乘方法。

　　最普通的方法是招手即停,但要注意在出租车允许停车的范围地点招手;

　　预约打车,使用打车软件,如快的打车、滴滴打车等;

　　错开上下班高峰期和出租车司机交接班时间;

　　多了解一些搭乘出租车的技巧,便可以节省出行时间。

球类打中眼睛怎么办

星期天,小涛去体育场看哥哥踢足球,看得太入神了,结果被迎面飞来的足球砸到了眼睛,这可怎么办呢?

1 叮当用手使劲揉眼睛。

2 涵涵用凉的湿毛巾敷眼睛。

3 小可发现眼睛肿了,立即去看医生。

Warning

小朋友听我说

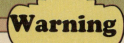

活泼好动的孩子们在体育锻炼的时候,有可能会被球打伤眼睛,下面介绍几种简单的处理方法,一定要学会哦。

❶ 什么是眼角膜?

答:眼角膜位于眼球前端,是一层透明的薄膜,呈横椭圆形,有丰富敏感的神经末梢,当感到外物接触角膜时,眼睑会迅速闭合起到一定的保护作用。眼角膜受到损害,人就无法看到任何东西了。

❷ 球类打中眼睛怎么办?

①被球打到眼睛,不要用手去揉眼睛,否则会适得其反。②如果没有破,能看清东西,可以拿冰块或凉的湿毛巾敷在眼睛上,以缓解疼痛,帮助消肿。③如果眼部周围有瘀伤或是眼球出血了,要立刻去看医生,让医生仔细检查。

小涛,眼睛受伤不是小问题,一定要好好检查,不要延误治疗时间。

叮当,手上细菌多,不要用手揉眼睛,会加重疼痛的。

做任务

趣味话题讨论：为什么眼珠的颜色会有不同？

★ 和孩子互相观察对方的眼珠，看看我们的眼珠是什么颜色的？

★ 一般东方人的眼珠都是黑色的，但外国人的眼珠一般会呈浅蓝色。让孩子想想：眼珠为什么会有不同颜色呢？听听天真烂漫的孩子是如何回答的，然后再由家长揭晓正确答案。

★ 为什么眼珠的颜色会不同？

眼珠是由角膜、虹膜和瞳孔组成的。由于角膜是无色透明的，那么眼珠的颜色就是虹膜的颜色。

眼珠颜色与种族遗传有关。决定人眼颜色的是眼球虹膜前部基质中的黑色素，黑色素越多，人眼珠的颜色就越深，反之越浅。东方人是有色人种，虹膜中色素含量多，眼珠看上去呈黑色；西方人是白色人种，虹膜中色素含量少，基质层中分布有血管，所以看上去眼珠呈浅蓝色。

电影院着火了

妈妈带着小金去电影院看电影,这时,突然听到有人喊:"着火了!着火了!"这可吓坏了小金,谁来告诉小金到底该怎么办呢?

1 哭着乱跑。

2 在人群中乱挤。

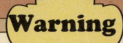

Warning

小朋友听我说

着火了很危险,尤其在你不熟悉的地方发生火情,这时的你该如何逃生呢?

❶ 说说火灾分类。

答:火灾根据可燃物的类型和燃烧特性,分为A、B、C、D、E、F六类。A类指固体物质火灾,如木材、棉等火灾。B类指液体或可熔化的固体物质火灾,如汽油、煤油等火灾。C类指气体火灾,如煤气等火灾。D类是指烹饪器具内的烹饪物(如动植物油脂)火灾。

❷ 电影院着火了怎么办?

①不要跟人流乱跑,如有家长陪同,一定不要与家长走散。②不慎陷入人流中,要保持镇静,尽量站稳不要跌倒。③发现自己前面有人摔倒了,要马上告诉后面的人,并且自己也要停下脚步,以免后面的人摔倒压伤你。

小金要镇定,当现场有指挥疏散人员时,要听从安排;千万不要和妈妈走散了。

图上的两种自救方式都是错误的!你答对了吗?

做任务

　　由于火灾发生地点不同,自救逃生的方法也会稍有不同,举例说明。

★ 家长给孩子列举一些可能发生火灾的地点或着火原因。如油锅起火、身上起火、电器着火、家里着火、地铁失火等,可试着让孩子说一说自救逃生的方法,家长补充说明或细致讲解,当然首先家长一定要提前做好这方面的功课。

★ 给孩子讲讲引起火灾的火源主要有哪些?
　　火源是火灾的发源地,也是引起燃烧和爆炸的直接原因。主要包括各种明火引起的火灾;电器设备由于超负荷运转或短路等原因引起可燃物质燃烧;在油渍地面上堆积易燃物品;靠近火炉、烟道的木材等易引发火灾;还有两种物质相遇(油与氧气)发生化学反应引起燃烧等。

Danger

被人索要钱财怎么办

放学后,小旭背着书包走在回家的路上。刚走一会儿,几个高个子的男生拦住了小旭,管他要零用钱花。这时,小旭该如何应对呢?先来看看下边的两种做法。

1 有大人路过时,抓住时机喊"救命"。

2 向坏人说好话,请他们放了自己。

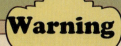

Warning

小朋友听我说

学校中会有一些不良少年,他们有时会勒索小同学的财物。如果你被不良少年勒索,你该如何应对呢?

❶ 强行索要他人财物所引起的不良后果。

答:强行向他人索要财物多发生在校园里。这不仅危害他人的财产和生命,还会致使一些曾经受到这种行为侵害的受害者,在报复或补偿心的驱使下,用同样手段侵害他人,形成恶性循环,危害社会治安。

❷ 被人索要钱财时怎么办?

①保持镇定,说好话,告诉自己没带钱,说服他们放了自己。②避免和他们发生正面冲突,以免他们伤害自己。③尽量拖延时间,如果身边有大人经过,要大声呼救。④如果他们要搜身或是持刀威胁你,你可以说回家取钱或找其他原因,趁机逃跑。⑤回家后要将事情告诉家长,让家长向学校反映,并采取相应的安全措施。

小旭,以后放学尽量和同学搭伴走,不要走小道,尽量走人多的大道。

被不良少年勒索,这时候要比智慧,千万不能比力气。

做任务

教育孩子乱要东西是不正确的行为。

★ 如果孩子哭闹着要得到商店里或别人的东西时,家长要加以拒绝,孩子的欲望是无止境的,要让孩子学会控制自己过度的欲望,不要做一个贪得无厌的人。

★ 让孩子知道他所想要的东西是父母劳动所得的报酬换来的,乱要东西的行为是不尊重父母的表现。

★ 珍惜所拥有的,不要与别人攀比,很多人喜欢的,不一定就是最适合自己的。该买的东西买,可买可不买的东西尽量不要买,不妨让孩子自己列个清单。

火灾逃生计之家庭篇 一起做游戏

|适合年龄| 7岁以上

|推荐指数| ★★★

|游戏人数| 父母和孩子

|操作方法| 爸爸、妈妈和孩子分别扮演"火"和"逃生者"。"火"追逐"逃生者","逃生者"要采取相应的自救措施,如果自救方法用错,则"逃生者"失败,"火"胜利。

❶ 先由妈妈扮演"火",孩子和爸爸扮演"逃生者"。

❷ 警报拉响,游戏开始。通过不同场景、不同情况进行。

如"火"追到了卧室,这时"逃生者"选择躲到柜子里,做法错误,那么逃生就失败了;

如"火"烧到了衣服,"逃生者"如果采取用手扑灭或用灭火器,做法错误,则逃生失败;

❸ 人物角色互换,重新游戏。

|游戏目的| 让孩子了解火灾的自救的常识。

|能力训练| 增强记忆力,懂得把理论知识应用到实际生活中。

|特别提示| 游戏过程中,父母要把自救的正确做法慢慢教给孩子。

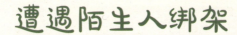

遭遇陌生人绑架

在学校打完羽毛球后,小冷拿着球拍走在回家的路上。忽然,从后面开过来一辆面包车,在小冷旁边停下,小冷被强行拽上了车。在这危急的时刻,小冷该怎么办呢?

1 大声呼救并努力挣脱。

2 被抓上车后与坏人搏斗。

3 被抓上车后大哭大闹。

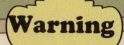

Warning

小朋友听我说

电视上我们会看到有小朋友被坏人绑架的片段,现实生活中也有这样的事件发生,那么当你遇到这种情况时应该怎么做呢?

❶ 绑架罪是什么?

答:绑架罪是指勒索财物或者以其他目的,使用暴力、胁迫等方法,绑架他人的行为或绑架他人作为人质的行为。

❷ 陌生人绑架你怎么办?

①大声呼喊救命,奋力挣脱,往人多的地方跑。②如果挣脱不了,可以趁机丢掉一些东西,作为父母或警察寻找的线索。③万一被抓上车,不要大哭大闹,以免惹怒坏人,使你受到伤害。④留意坏人的相貌特征,车牌号码等;如果坏人问你家人的电话时要尽量满足他,使自己受到的伤害降到最低。⑤寻找机会逃跑或求救;逃不掉时,不要与坏人正面抵抗,保持体力,等待救援。

小冷,大声呼救,如果被强行带上车,不要惹怒坏人,尽力保护好自己,等待救援。

千万不要大哭大闹,不要与坏人硬拼,要保持体力,寻找逃生的机会。

做任务

给孩子普及安全自救知识：如果发现被陌生人跟踪怎么办？

★ 家长举例说明，讲一个孩子被陌生人跟踪的事例，先让孩子说说自己的感受，动脑想想，如果换做自己被跟踪，应该采取什么办法？

★ 家长进行纠正和补充说明。发现被陌生人跟踪时，要记住以下三点：

不要慌张，加快脚步，甩开陌生人；如果甩不掉，要朝人多的地方走，不要进入死胡同，如果出现这种情况，要大声呼喊救命，或使劲敲附近居民的房门；

迅速找到警察，寻求帮助。找不到警察，可以来到商店或其他公共场所躲避，打电话叫爸爸、妈妈来接自己，同时待在商场工作人员身边，并告知工作人员具体状况。

和他人撞到一起

卓轩在操场上跑步锻炼身体,突然迎面跑过来一个小伙伴,由于这个小朋友跑得太急太快,一不小心和卓轩撞到了一起,两个人都摔倒在地上。卓轩很生气,便上前和小伙伴打了起来,卓轩这样做对吗?

1 小远主动上前道歉。

2 欢欢和笔笔都受伤了,一起去医院检查。

Warning

小朋友听我说

人们互相接触时,难免会出现摩擦、碰撞,一般都不是故意为之,这时就需要互相谅解,进行沟通,想一想如果你和他人撞到一起该如何沟通,如何处理呢?

❶ 说一说沟通的重要性。

答:沟通一般是通过语言、文字、肢体动作给其他人或群体传递信息、情感的过程。良好的沟通可以避免误会、增进感情、提高办事效率等。

❷ 与他人撞到一起怎么办?

①无论是谁的错,都不要和对方发生争吵或打架。②如果是你撞到了他人,一定要主动道歉,如果是他人撞到了你,告诉他下次要小心,以免再撞到其他人。③看看自己和对方是否有受伤,如果有受伤情况,应该立即去医院检查。

卓轩,打架是不对的。那个小朋友不是故意的,男子汉大丈夫大度一点哦。

小远、欢欢和笔笔都是好样的,是我们学习的榜样。

做任务

　　人与人之间难免会产生小摩擦,家长要告诉孩子在人际交往中学会道歉,可针对具体事例说明。

★ 清楚认识自己错在哪里,有针对性的道歉效果更好;承认错误态度要诚恳、直接,不需要华丽的语言;如果觉得说不出口,可用别的方式代替,如书信、短信等方式;

★ 敢于承担责任,尤其是男孩子,更要有这份担当,要知道道歉并非耻辱,而是真挚、诚恳的表现;

★ 意识到错误及时改正,给对方一个发泄心中不满的机会。如果双方都有错误,要主动承认错误在先,并努力和对方沟通,更好地解决问题;

★ 同时也要给孩子普及法律常识,让道德观念从小深入内心,明辨是非,学习与人交往的礼节,这样才能交到更多、更好的朋友。

Danger

被重物砸到

调皮的煌煌在家里玩皮球,小皮球被煌煌扔到了墙上又弹了回来,好玩极了。可是一不小心皮球把柜子上面的大罐子打掉了,正好砸到了煌煌,好疼呀,这下可糟糕了,谁来告诉煌煌该怎么做呢?

1 梅梅摔倒后,椅子压在了腿上,于是她轻轻把椅子搬开。

2 笑笑摔倒后,腿被椅子压住了,他发现自己动不了,赶紧叫人来帮忙。

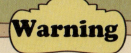

小朋友听我说

我们有时候在家里玩耍的时候，会一不小心碰到柜子，柜子上面的东西很可能会掉下来砸到自己，如果被重物砸到了该怎么办呢？

❶ 何谓重物？

答：①沉重的物体。②体育运动中比赛或训练用于投、掷、抛等的物体，如铅球等。③物理领域被研究的具有重量的物体。

❷ 被重物砸到了怎么办？

①被重物砸到后，要小心地把压在身上的重物搬起来，以免重物压坏身体。②不要盲目地站起来，应该坐在原地活动腿脚，看看腿脚是否被重物砸伤。③如果腿脚不能动或是砸伤流血，要立刻求助他人帮忙拨打急救电话120，及时去医院治疗。

煌煌，搬开重物，看看自己有没有受伤，如果情况严重，赶紧找家人来帮忙。

梅梅和笑笑的做法是正确的，为他们点赞。

做任务

告诉孩子不要"逞强"去搬运、提拿沉重的物品。

★ 了解孩子内心的渴望,做合理耐心的指导。

孩子有时像个"小大人",渴望更多地融入家庭,融入社会,希望自己能做更多的事情。表现为特别愿意帮助爸爸搬东西,帮助妈妈做家务等,愿意听到家长表扬。此时作为家长不要打消孩子的积极性,鼓励他做力所能及的事情,但一定不要"逞强",尤其是不要搬运、提拿重物,以免受到伤害。

★ 讲讲为何儿童不宜搬运、提拿重物?

儿童正处于生长发育阶段,体力有限,关节牢固性差,比较脆弱,在外力的作用下易发生脱位;儿童骨骼富有弹性,易变形,也会因为不良姿势的影响发生变形,如驼背、脊柱侧弯等。故当孩子在搬运、提拿重物时,一不小心就会伤及臂部和腰部。

最后要告诉孩子做任何事都要懂得量力而行。

Danger

不小心被摩托车撞倒

放学了,李彦走在回家的路上。后面来了一辆摩托车,骑摩托车的叔叔喝醉了酒,不小心将在路上行走的李彦撞倒了。紧急关头,李彦该怎么办呢?李彦采取的两种方法正确吗?

1 摔倒时赶紧护住头。

2 坐在地上活动四肢。

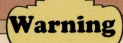

Warning

小朋友听我说

有些人骑车莽撞,常常会撞到他人,害人害己。万一你被这样的人撞到,你该怎么办呢?

❶ 普及法律常识:什么是肇事?肇事逃逸?

答:肇事就是引起事故,闹事。肇事逃逸指在交通事故发生后,当事人明知自己发生了交通事故,为逃避责任,故意逃离现场,不向公安机关报案的一种违法行为。表现为:人和车都在事故发生后逃离;二是弃车逃逸。

❷ 被摩托车撞倒了怎么办?

①被摩托车撞倒了,摔倒时尽量用手护住头部,防止头部摔出脑震荡。②活动一下四肢,看看是否有脱臼和骨折的现象,如果有应该立即停止活动,以免病情加剧。③如果被撞得很严重,应该叫肇事者带你去医院检查,或拨打120急救电话,请专业医生治疗,并及时打电话给家人。

由此可见,图中李彦的做法是正确的。

你有没有遇到过这种现象,你是怎样处理的呢?

做任务

　　讲讲交通肇事逃逸的严重后果,告诉孩子做事情要"敢作敢当",勇于承担责任。

★ 交通肇事逃逸的严重后果。
　　肇事者逃逸,会导致伤者得不到及时救治而死亡,给伤者家属带来极大的痛苦;
　　肇事逃逸不仅是对伤者生命的不尊重,更是加深了自己的罪责,是无法逃脱社会道德的谴责和法律制裁的;
　　发生交通肇事后,要迅速停车救人报警,勇于承担责任。

★ 教育孩子做事要敢作敢当,遇到事情要正面处理,勇于面对,逃避不能解决问题,只会使事态变得更严重。学会坚强,学会积极冷静地处理问题。

Danger

关门时夹到手脚怎么办

冲冲是个冒失鬼。一天,冲冲着急去和楼下的伙伴玩丢沙包,急匆匆往门外跑,可是关门的时候不小心夹到了脚,好疼啊。你们帮冲冲出出主意,该如何处理呢?

1 美美用冰块冷敷夹伤的部位。

2 小竹把消毒药水涂抹在受伤的部位。

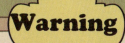

小朋友听我说

有时由于马虎大意，很可能在关门时夹到手或脚，手或脚会变得红肿胀痛，这时我们该如何处理呢？

❶ 产生红肿的原因。

答：产生红肿的原因大都是由于局部血管扩张及血液过多而引起的一部分皮肤的发红肿胀。

❷ 关门时夹到手脚怎么办？

①如果夹到手脚，要立刻将门打开，轻轻抽出夹在里面的手或脚。②如果手或脚只是被门夹得稍稍有些红肿，可以用冰块或者湿毛巾冷敷红肿的部位。③如果手或脚已经被夹坏，先涂上一点防感染的消毒药水，然后请医生再仔细处理一下。

冲冲手被夹住后，不要用力拔出，观察受伤部位是否严重，用所学的自救方法试一试。

美美和小竹，你们处理的方法很正确。

做任务

趣味讨论：人走路时为什么手臂会不由自主地摆动呢？

★ 锻炼孩子的观察力，家长和孩子一起往前走，让孩子观察手脚的变化。细心的孩子会发现，人走路时手和脚会相错摆动。让孩子试试如果不相错摆动会出现什么状况呢？

★ 为什么人走路时手脚会相错摆动？

为保持身体的重心不偏斜，能稳步向前，人在行走的时候手和脚就会相错摆动，这并不是故意的行为，这是人类中枢神经固有的机能活动。小脑就是这种活动的调节机构，并且和大脑皮质密切联系着。如果小脑受损或小脑与大脑之间的联系发生障碍，走路时手脚的活动就会紊乱而失去运动的协调性了。

Danger

遇到打群架

祥祥放学回家,路过一片树林的时候,忽然听到争吵声,祥祥好奇仔细上前一看,一伙人正在打群架,其中还有自己认识的小伙伴。小伙伴招呼祥祥过来帮忙,此时的祥祥应该怎么做呢?

亚米:"Oh my God! 千万别去,会挂彩的!"
西贡:"为朋友,要两肋插刀!"
蓝玲:"呜呜,好害怕,我得赶快找老师去!"
趣文:"胆小鬼,我去看看热闹。"

你们也太不靠谱了,我说"元芳"你怎么看?

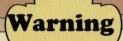

小朋友听我说

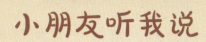

打群架是一种危害社会安全的行为,如果遇到这种情况你会如何应对呢?

❶ 什么是斗殴?

答:斗殴是指双方或多方通过拳脚、棍棒、刀斧等器械用武力以求制胜的行为。

❷ 遇到别人打群架怎么办?

①坚决不要围观及火上浇油为他们呐喊助威,更不要上前参与,否则不但解决不了问题,还会伤及自己和伙伴。②如果打架一方有你认识的朋友,不要头脑发热,为了一时的义气前去帮忙,要知道打群架是一种违法行为。③最佳的处理方式就是马上离开现场,并第一时间通知老师、家长,或立即报警。

祥祥,要保持理性,不要"参战",要立即找来老师或者报警。

元芳:"不能盲目'讲义气',违背道德法律的事不能做。"

做任务

跟孩子说说什么是"义气"？告诫孩子不要盲目"讲义气"。

★ 什么是义气？

义气指刚正之气。也指为情谊而甘愿替别人承担风险或作自我牺牲的气度。

★ 告诉孩子朋友之间讲义气、守信用是对的，但前提是要在合乎道德标准和法律的范围内，不要盲目地"讲义气"。

杜绝毫无理智地盲目义气：常见的就是朋友被欺负，给他"报仇"，打架斗殴，结果是两败俱伤，双方都受到伤害，既要经济赔偿，也有可能会受到法律制裁。

此外更不能帮朋友做坏事，记住违反道德和法律的事情不要做；

避免不自量力地讲义气：如当朋友让你帮忙，你的能力根本无法做到时，就不要把事情揽下来，要懂得拒绝，但可以帮助朋友寻找解决办法；

避免被义气利用：告诉孩子要认清朋友，不盲目听从朋友，懂得辨别是非真假，有主见，防止被不良朋友利用而受到牵连。

Danger

骨折了怎么做

一天,聪聪蹦蹦跳跳地下楼梯,一时没看清楚台阶,一不小心摔了下去,小腿摔骨折了,聪聪该如何自救呢?

1 坐在地上不动。

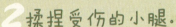

2 揉捏受伤的小腿。

3 找人把自己送往医院。

Warning

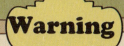

小朋友听我说

骨折不是小伤痛,一定要处理好,否则会留下后遗症。那么一旦骨折了,你该怎么处理呢?

❶ 什么是骨折?

答:骨折是指骨结构的连续性完全或部分断裂,多见于儿童及老年人。如果能够及时恰当处理,多数病人能恢复原来的功能,少数人会留下不同程度的后遗症。

❷ 骨折了怎么办?

①骨折之后坐在原地不要动,不要盲目活动骨折部位,更不要揉捏骨折部位,这样可能会使骨折部位的伤痛加剧。②可以就地取材,用硬木板将骨折部位固定住,防止伤痛加剧。③进行简单处理后,应该求助于老师或家长把自己送到医院做正规的治疗,争取早日康复。

聪聪,别惊慌害怕,只要按正确的方法处理,就能很快康复。

揉捏受伤的部位,这种做法是大错特错的。

做任务

知识点延伸:了解什么是肌肉拉伤?

★肌肉拉伤:是指肌肉在运动中急剧收缩或过度牵拉引起的损伤。最常见的是运动损伤,如引体向上和仰卧起坐练习等。

★肌肉拉伤的原因:准备活动不当,疲劳或过度负荷,动作不正确、用力过猛或运动场地不合适、器械质量不合格等都会造成肌肉拉伤。

★肌肉拉伤如何自救:冷敷,局部加压包扎,如果是腿部肌肉拉伤,可高抬患肢,肌肉如果大部分或完全撕裂,一定要赶紧去医院缝合。

下面的题目中,哪些做法是正确的?选择正确的并把旁边的□涂黑。

1. 怎样爱护鼻子?
□ 流鼻涕用纸巾擦鼻涕
□ 手指伸进鼻孔做鬼脸
□ 用水清洗鼻孔
□ 把黄豆塞进鼻子里

2. 遇到别人打群架,该怎样做?
□ 躲到一边观战
□ 参与其中
□ 去报警
□ 去找老师

3. 哪些是爱护眼睛的表现?
□ 坚持做眼保健操
□ 看半小时电视,休息一下
□ 在公交车上看书
□ 用手使劲揉眼睛

4. 鼻子流血怎么办?
□ 稍稍低头
□ 头要朝后仰
□ 擤鼻子
□ 塞一些消毒纱布

5. 发现小偷怎么办?
□ 大喊大叫
□ 悄悄告诉司机师傅
□ 和被偷的阿姨或叔叔说话
□ 亲自去抓小偷

6. 肚子疼怎么办?
□ 随便找点药吃
□ 给妈妈打电话
□ 赶紧去医院
□ 躺在床上休息

7. 晕车时该怎么做?
□ 吃晕车药
□ 坐在靠窗位置,把车窗打开
□ 闭目养神
□ 转移注意力

8. 和他人撞到一起,怎么处理?
□ 和对方吵架
□ 主动道歉
□ 互相检查是否受伤
□ 和他打起来

Danger

吃东西被噎住了

夏雨刚从外面回来,真是饿坏了,看见馒头便狼吞虎咽地吃起来。一不小心噎住了,你知道这时的夏雨该怎么办吗?

1 马力大口喝水试图将馒头咽下。

2 史克决定再吃几口馒头。

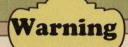

Warning

小朋友听我说

有时我们吃东西吃得太急,很容易被噎到,有时还会引起打嗝,很是不舒服,这时我们该怎么办呢?

❶ 为什么会打嗝?

答:打嗝是气从胃中上逆,喉间频频作声,声音急而短促,这种现象是由横膈膜痉挛收缩引起的。打嗝是生理上常见的现象,多与饮食有关,特别是饮食过快、过饱,摄入过热或过冷的食物、饮料、酒等。

❷ 吃东西噎住了怎么办?

①应该赶紧放下碗筷,不要继续吃东西。②如果食物噎在喉咙里比较紧,可以大口喝几口水,或者示意身边的家长、伙伴拍拍自己的背部,这样都有助于将卡住的食物咽下去。③如果比较严重,应该立即去医院请医生处理。

夏雨,大口喝水试一试,记住吃东西一定要细嚼慢咽啊。

史克,被噎到后,不要继续吃东西,否则会让吞咽更加困难。

做任务

孩子吃东西过急,会产生打嗝现象,这时需要家长教给孩子一些治疗打嗝的方法。

★ 告诉孩子打嗝时,应停止咀嚼东西,否则很可能会使食物堵在喉咙里,严重会造成呼吸困难;

★ 深吸一口气,然后屏住呼吸,尽量憋长一些时间,然后再呼出,反复几次;

★ 取凉开水一杯,含一大口水,然后屏气停止呼吸,待到将无法忍受时,把水吞入胃中,注意不要呛入气管中(注意有心脑疾病者禁用);

★ 也可采用惊吓法:趁不注意猛拍一下打嗝者的后背,也能止嗝。因为惊吓作为一种强烈的情绪刺激,可通过皮层传至皮下中枢,抑制膈肌痉挛。但心脏不好者应慎用。

晕车、晕船怎样应对

暑假到了,斑斑和家人一起去旅游,他们乘船出发了。斑斑很兴奋,跑去甲板上玩儿,突然船体随风上下起伏,斑斑觉得一阵眩晕,斑斑晕船了,这可怎么办呢?

1 点点有些晕船,但还继续坐在船舱里。

2 小亮在上船之前吃晕船药。

3 梅梅去甲板上透气。

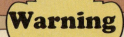

Warning

小朋友听我说

许多人都有晕车、晕船的毛病,不过晕车、晕船是有办法预防和缓解的,你知道吗?

❶ 为什么会晕车、晕船、晕机?

答:晕车、晕船、晕机统称为"晕动病",除了和人体个体差异有关外,主要和人体的前庭平衡器官这个平衡系统有关系。一般前庭器官敏感的人易发生晕动病。

❷ 晕车、晕船怎么办?

①如晕车,坐车时要尽量坐在靠窗子的位置,眼睛始终注视前方,避免长时间看窗外的景色,最好能闭目养神。②如晕船,不要坐在船舱里,应该到甲板上去透透气,呼吸新鲜的空气可以减轻晕船症状。③上车或上船前,吃一些缓解晕车或晕船的药物,以减轻身体不适。

斑斑,坐下休息一会儿,最好坐在与船前行方向相同的座位上,如果感到恶心就去洗手间把东西吐出来。

点点,出去透透气,兴许能缓解一下晕船的症状。

做任务

家长朋友,您和您的孩子有"晕动病"吗?如何防治"晕动病"呢?

★ 加强体育锻炼,每天坚持做下蹲、转头和弯腰等动作,以增加前庭器官的耐受性;

★ 睡眠不足、情绪紧张、吃得过饱都易发生晕动病,要避免这些情况发生;

★ 乘车、乘船时尽量限制头部运动,并减少不良的视觉刺激,如看窗外风景、低头看书等;

★ 做前庭器官适应能力训练,如荡秋千、高低杠、垫上翻滚等一些有助于调节身体平衡的体育项目。对于儿童来讲,加强体育锻炼很重要,为此家长也要给孩子做个好榜样。

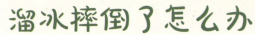

溜冰摔倒了怎么办

暑假的一天，硕硕和小凡去广场上溜冰。小凡穿上溜冰鞋开心地一圈一圈转了起来。谁知道，由于速度太快，和迎面溜冰的硕硕撞到了一起，两人摔倒在地上。溜冰摔倒了，应该怎么办呢？看看下面两位同学是怎样做的吧。

1 大明脱下鞋，检查是否有伤。

2 欣欣摔倒后坚持站起来。

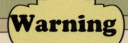

Warning

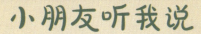

溜冰是大人、孩子都喜欢的运动,在溜冰场上自由自在地滑动真快乐,不过,万一摔倒了怎么办呢?

❶ 溜冰是什么运动?

答:溜冰就是在溜冰鞋底装上轮子,穿着它在地面上滑行。溜冰是香港目前流行的叫法,而国内则叫旱冰或轮滑。

❷ 溜冰摔倒了怎么办?

①摔倒后不要试图马上站起来,应该坐在原地立刻脱下溜冰鞋,活动一下脚,看看脚部是否有扭伤。②如果扭伤了脚趾或脚踝,应该立即停止活动,先冷敷扭伤的部位,以起到减轻疼痛或消肿的作用。然后拨打120急救电话,及时去医院检查。

小凡和硕硕先检查一下身体有没有受伤,如果伤势严重要赶紧就医。

欣欣,这时可不要做"逞强的女汉子"哦!

做任务

知识延伸：了解冰上运动，说说滑冰的注意事项。

★ 介绍冰上运动。

借助专用冰刀或其他器材在冰面上进行的体育运动。在体育比赛中常见的如速度滑冰、花样滑冰、冰球等项目。

★ 滑冰的注意事项有哪些？

如果孩子对滑冰感兴趣，最好给他找一位滑冰技术好的老师；

①自然场地：选择安全场地，冰面尚未冻实或开始融化时，千万不要去滑；注意保暖，且滑冰时间不要过长；人多时，注意力集中，避免相撞受伤。

②人工场所：儿童戴好护具，冰鞋尺码要合适；在老师的指导下，保持身体平衡，滑行时要俯身、弯腿，重心向前；初学者不要速度过快或模仿高难度动作，以免摔倒受伤；不要和伙伴拉手滑冰；当同伴滑倒时，若没必要，尽量不要上前拉他起来，以免自己摔倒给伙伴造成二次伤害等。

Danger

打碎了体温计

秒秒感觉身体不舒服,头有些发热,于是他拿起体温计想测量一下体温,可是没拿住,体温计掉在地上摔碎了。秒秒知道体温计里的汞(通称水银)是有毒的,如何收拾呢?

美伊:"有毒,老弟你等着,姐给你拿个防毒面具去。"

阳仔:"小菜一碟,豆大的事,捡起来就完了。"

肥肥:"快去喊他妈来。"

拉拉:"等我上网 Search 一下。"

等你们,黄花菜都凉了!还是听听别人怎么说吧。

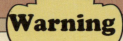

Warning

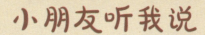

小朋友听我说

有时我们感觉发热难受，会拿出体温计测量一下体温，可是如果你不小心将体温计打碎了该如何处理呢？

❶ 什么是体温计？

答：体温计又称"医用温度计"，其工作物质是汞，主要用来测量人体温度。

❷ 打碎了体温计怎么办？

①温度计打碎后不要用手去捡，因为碎玻璃碴可能会扎伤你。②如果体温计中的汞滴洒到了地面上，可用薄纸轻轻将汞铲起；如果弄到了床单或衣服上，应尽快找出汞滴，把衣服和床单拿到太阳底下暴晒，然后放入洗衣机内清洗。③如果弄到了皮肤上，要立即用清水清洗，并去医院请医生帮助仔细检查处理。因为体温计里的汞是有毒的，直接接触皮肤会对皮肤有损害。④处理结束后，应先开窗通风后再进入。

秒秒，身体不舒服，要先告诉父母，由于状态不好，还是让爸爸或妈妈帮助你测量体温吧。

掌握相关自救常识，关键时刻才不会手足无措。

做任务

给孩子讲讲什么是"水银",以及体温计的使用方法。

★ 水银:汞在常温下呈液态,色泽如银,故俗称"水银"。汞是有毒的,口服、吸入或接触后严重可导致脑和肝的损伤。现在的温度计大多数使用酒精取代汞,但一些医用温度计仍然使用汞,因为它的精确度高。

★ 现在的体温计有玻璃体温计、电子体温计、耳温体温计等。说说玻璃体温计的使用方法:

使用前先将体温计的汞柱甩到35℃以下。将体温计玻璃端放在腋窝深处,夹紧体温计,以免脱位或掉落;测量5~10分钟;取出体温计,读取温度数据后,用卫生纸擦拭体温计,以便下次或他人使用。

记住用后的体温计应"回表",即拿着体温计的上部用力往下猛甩,可使已升入管内的汞,重新回到玻璃泡里。但要注意的是其他温度计是不可以甩动的。

Danger

牙痛怎么办

童童特别喜欢吃糖,结果生了蛀牙,牙疼得他边哭边跺脚,这可怎么办呢?各位小伙伴们,如果牙疼了,你们是怎样应对的呢?

1 小欣让妈妈赶紧领自己去看医生。

2 春和禁不起美食诱惑,牙疼还吃刺激性食物。

Warning

小朋友听我说

牙痛是十分苦恼的事情,让我们无法安心学习和生活,如果牙疼了,你知道该怎么减轻疼痛吗?

❶ 牙痛是什么原因引起的?

答:牙疼主要由五个原因造成:一是常见的龋齿;二是牙髓炎;三是牙根尖周炎;四是牙外伤;五是智齿冠周炎。

❷ 牙痛怎么办?

①我们要根据牙痛原因进行治疗。②如果是蛀牙产生的牙痛,可以让爸爸妈妈带自己去医院请医生帮忙,进行消炎,把蛀牙堵起来。③可以用冰块冷敷患处或是将冰块、一片生姜含于患处,以起到一定消肿止痛的作用。④牙痛时不要吃刺激性的食物,注意牙齿清洁,每天早晚要刷牙,少吃糖,可以吃一些维生素C。

童童,医生会有办法治好你的蛀牙的,但希望你以后要保护好自己的牙齿哦!

春和,你真是个小馋猫啊!要知道牙好胃口才能更好。

做任务

给孩子讲讲龋齿的相关知识。

★ 龋齿产生的原因：主要包括细菌、口腔环境（食物和唾液）、宿主（包括寄生虫、病毒等寄生于其上的生物体）和时间（龋齿不会立即发生，需要一个时间过程）。

★ 讲讲儿童龋齿的危害性，告诉孩子要保护好牙齿，做好牙齿清洁工作。

　　龋齿会造成牙体缺失，降低咀嚼功能，从而影响孩子营养摄入，影响成长发育；使口腔环境恶化，易引发各种牙病；影响美观和正常的发音。

★ 让孩子张开嘴巴照镜子，自己检查一下牙齿，是否已经有龋齿了呢？

Danger

洗澡时滑倒了怎么办

栾栾和小安一起洗澡,兄弟俩边洗边玩,在浴室里,你追我赶,互相泼水玩,结果小安没站稳,一下子滑倒了。

1 向中慢慢站起来,冲干净身体。

2 环环立刻站起来,脚下一滑又摔倒了。

3 小万赶紧喊来了妈妈。

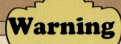

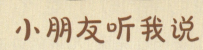

卫生间的地很滑，一不小心就有摔倒的可能，如果你洗澡时滑倒了怎么办？

1 简单说一说防滑拖鞋。

答：防滑拖鞋就是拖鞋具有一定的防滑性能。日常生活中，尤其家里的浴室、卫生间是不可缺少的物品，穿着防滑拖鞋可以防止跌倒，因为防滑拖鞋的鞋底带有胶底纹路，可以增大摩擦力，从而起到防滑的作用。

2 洗澡时滑倒了怎么办？

①滑倒后可以扶着墙慢慢站起来，小心不要再次滑倒，站稳后用喷头将身体冲洗干净。②如果身上有摔得淤青的部位，擦干净身体后，在淤青的部位抹上跌打损伤的药水。③如果摔倒了，身上很疼，爬不起来，不要轻举妄动，让家长检查一下，否则逞强站起来，如果存在扭伤或骨折现象，会加重病情。

栾栾和小安，你们好顽皮啊！浴室地面很滑，下次可不要在那里打闹了。

环环，滑倒后要缓缓站起，以防过急或过猛再次伤到身体。

做任务

跟孩子讨论一个有趣的话题：人洗澡是为了保持身体干净，那么小动物们是怎样洗澡的呢？

★ 动物洗澡的方式是五花八门的，不妨让孩子自己先想象一下：小动物们到底是如何洗澡的呢？

★ 和孩子去动物园玩一玩，让孩子在安全范围内，能相对近距离地观看动物，锻炼他们的观察能力，通过细心观察说说小动物是如何吃东西，如何玩耍，及如何清洁身体的？

★ 介绍几种动物，说说它们是如何洗澡的？

舔舐法：如猫，它的舌头就像砂纸，用来舔掉皮毛上的灰尘和害虫，然后把爪子舔湿，用湿湿的爪子来洗脸；

泥浴：到夏天的时候，猪身上油污多了，便会找个泥坑，滚一身泥巴，然后再去清水中冲刷；

雪浴：麻雀在下雪后，进行雪浴；

风浴：草原上的野马会通过疾驰，让风吹去身上的灰尘。

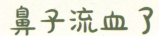

鼻子流血了

丁丁和然然都在聚精会神地画画,突然丁丁的鼻子流血了,身旁的然然最先发现,于是然然大喊:"哎呀,丁丁,你的鼻子流血了。"你知道遇到这种情况时应该怎样处理吗?

1 流鼻血时将头向后仰。

2 两个鼻孔流血了,举起双手止血。

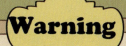

Warning

小朋友听我说

我们当中很多人遇到鼻子流血的情况时,常常不知所措,下面会教你一些方法帮助你尽快脱离困境哟。

❶ 鼻子流血的主要病因有哪些?

答:主要病因有:鼻腔炎症、鼻部外伤引起出血(挖鼻孔、跌撞等)、服用热性滋补药物过多、鼻腔肿瘤等。

❷ 鼻子流血了怎么办?

①要将头稍稍低下去,而不是向后仰,并用手紧压住鼻子内侧,用嘴呼吸。②左鼻腔流血,举右手;右鼻腔流血,举左手;如果是两个鼻腔都出血,要举起双手,这个办法可以迅速止血。③立刻用清水不断地在额头上拍打,或用湿手帕敷在额头或鼻子上。④如果流血不止,在鼻孔塞进一些消毒的纱布条,赶紧去医院。

鼻子流血不是小事,如果经常流鼻血一定要去医院做全面检查。

流鼻血时头向后仰,很容易使血流进喉咙,是不正确的。

做任务

无论大人或小孩感冒的时候都会鼻子不通气,家长有什么妙招吗?不妨教教孩子。

★ 先来说说感冒时为什么会出现鼻子不通气的症状?

答:感冒时,鼻黏膜发炎,它的微细血管扩张,组织肿胀、分泌物增多使气体进出受到阻碍,鼻子当然就不容易畅通了。好比一个不大的房间,你把它的墙壁加厚加宽,又堆满了东西,当然就无法走路了。

★ 鼻子不通气,怎么办?

首先,当然是对症下药,感冒了,要遵医嘱吃感冒药;

用盐水洗鼻子,注意不要用含碘的盐;

侧卧按摩法:左侧鼻塞向右卧,右侧鼻塞向左卧,用双指夹鼻按揉双侧迎香穴1~2分钟,鼻塞可除。

热敷法:用热毛巾敷鼻。

美味的鱼肉大餐 听故事答题 Story

卡蜜是一只美丽的猫小姐,她以优雅独特的猫步被评为"最美模特小姐",于是她请来了自己最好的朋友——"帅哥"狐狸塞拉来庆祝,并和他一起享用美味的鱼肉大餐。

塞拉看着桌子上的美食,直流口水。桌上有红烧鱼、糖醋鱼、清蒸鱼、水煮鱼、生煎海鱼等。(孩子们,你们都吃过什么鱼?都是怎么做的呢?)

还没等卡蜜发话,塞拉已经大吃了起来,卡蜜气得直跺脚,大声冲塞拉喊道:"注意仪态,哇,你太粗鲁啦!"

由于塞拉吃得太急,一根鱼刺卡在了嗓子里,疼得他直瞪眼。卡蜜一边数落着塞拉,一边给他拿醋喝。(想一想,喝醋能帮助塞拉拿掉鱼刺吗?)塞拉喝了一碗又一碗,肚子胀极了,可鱼刺一点也没变软。

卡蜜又给塞拉端来馒头(馒头能帮助塞拉吗?),塞拉一个接着一个地吃,也无济于事,反而把自己撑得够呛。

塞拉对着卡蜜痛苦地说:"怎么会这样?你难道是上帝派来惩罚我的吗?"

塞拉和卡蜜筋疲力尽了,可"倔强"的鱼刺还是没有弄出来。可怜的塞拉最后被救护车送进了医院……(医生能帮助塞拉拔出鱼刺吗?我们吃鱼的时候应该注意什么?)

Danger

辣椒气味钻进眼睛里

妈妈在厨房做饭,大庆也想帮忙,正好赶上妈妈在切辣椒,结果大庆被辣椒呛到了眼睛,顿时眼泪直流,疼得直揉眼睛,你们说大庆的做法正确吗?

1 小乐立刻用清水冲洗眼睛。

2 家辉去医院请医生帮忙。

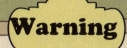

小朋友听我说

辣椒为什么会辣？辣椒的气味钻进眼睛里会特别难受，眼睛会不停地流眼泪，采取什么措施来"拯救"眼睛呢？

❶ 先来说说辣椒为什么会辣？

答：辣椒的果实因果皮含有辣椒素而有辣味，这种辣味能使人增进食欲。辣椒素就是辣椒的活性成分，对哺乳动物都有刺激性，它的存在让我们的口腔中会产生灼烧感。

❷ 辣椒气味钻进眼睛怎么办？

①赶紧用清水冲洗眼睛，冲洗的时候要不断地眨眼睛，这样才会使进入眼睛的辣味被冲洗出来。②千万不要用手使劲揉眼睛，这样不但不会缓解眼部不适，还可能伤到眼角膜。要知道眼角膜是非常薄的，禁不起揉搓。③如果上述方法还是不能缓解眼部疼痛，就需要赶紧去医院了。

大庆的做法是不正确的，这样很可能会损伤眼睛的。

小乐和家辉的处理方法是正确的，要学会爱护自己的眼睛。

做任务

如果孩子误食辣椒怎么办呢?

★ 可以给孩子品尝一小口辣椒,让他体会一下辣椒的味道,在他面前摆放四种"貌似"可以减轻口腔辣味的食物,让孩子选择一下,看看哪种可以快速减轻口腔"痛苦"。如热水、冰水、糖、冰激凌等。

★ 让孩子自己先总结一下,哪种效果最好。然后家长公布答案。

如果孩子误食辣椒,减轻口喉中灼热感的最好办法就是服用冷食或冷饮,如冰水、冰激凌;或食用甜食,如果汁、奶油面包等;喝热水不能够减轻口喉灼热感,反而会加剧痛苦。

腹泻了如何应对

小勇和同学们出去吃了很多羊肉串,结果回家后,开始肚子疼,腹泻了。这时的小勇该采取什么办法减轻病痛呢?

慧幕:"快捂住鼻子,臭!"
莲姿:"哼,这就是没给我吃的下场。"
里仁:"等着,俺给你叫救护车啊。"
汇源:"我给你找点药。"

里仁啊,太感动了,眼泪根本停不下来。

Warning

小朋友听我说

我们年纪尚小,如果吃东西不注意卫生,很容易出现肚子疼、腹泻,那么腹泻了该怎么处理呢?下面几点你要牢记哦。

❶ 什么是腹泻?

答:腹泻俗称"拉肚子",是一种常见症状。表现为排便次数明显超过平日习惯的频率,粪质稀薄,水分增加,含未消化食物或脓血、黏液。常伴有排便急迫感、肛门不适、失禁等症状。

❷ 腹泻了怎么办?

①一旦出现腹泻,应立即让父母带自己去医院进行正规检查。②如果父母不在家,不能随便找药吃,以免吃错药,导致药物中毒,应及时和父母取得联系;在未明确病因之前,要慎重使用止痛药及止泻药,以免掩盖症状造成误诊,延误病情。③腹泻后一定要吃东西,腹泻后身体营养流失很严重,应该吃东西及时补充。

小勇,快去医院进行检查,确诊后,根据医嘱用药治疗。

小常识:腹泻的常见病因有细菌感染,病毒感染,食物中毒,吃生冷食物等。

做任务

知识点延伸:腹胀是怎么回事?如何预防呢?

★ 什么是腹胀?

一般的腹胀是指腹部胀满不适,有时会伴有呕吐、腹泻等症状,主要是由于胃肠道胀气、各种原因所致的腹水、腹腔肿瘤等引起的。

★ 如何预防腹胀?

大部分胀气都是由于饮食引起的,吃东西要细嚼慢咽,少食多餐;

平时尽量少喝碳酸饮料,或嚼口香糖;

豆类食品要煮熟了再吃,太硬的豆子不好消化,还容易产生胀气;

吃完饭不要久坐,可以起来散步,做一些轻缓的运动。

Danger

发现有人扒窃

星期天,郝仁独自一人去绘画班学习画画。在乘坐公交车时,郝仁发现有个人正在偷一位阿姨的钱包。郝仁很着急,但又不知道该怎么办。你能帮他出个主意吗?

1 故意跟被偷的乘客说话。

2 大声呼喊"抓小偷"。

3 悄悄告诉司机。

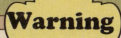

小朋友听我说

乘车时,你看见过有人扒窃吗?当时你是怎么做的?怎样做既能保护好自身安全,又能帮助别人呢?

❶ 什么是扒窃?

答:一般理解为在公共场所或公共交通工具上秘密窃取他人随身携带的财物的行为称为扒窃。扒窃既违反道德行为,也触犯了国家法律,必将会受到法律的制裁。

❷ 发现有人扒窃怎么办?

①保持镇静,想办法提醒被偷的那位乘客,例如故意跟他说话或者撞他一下。②如果上述方法不起作用,也不要大声呼喊告诉乘客,因为那样做会引起小偷注意,做出对你不利的危险事情。③可以告诉家长或者司机,让大人想办法抓住那个小偷。

郝仁,通过上述学习,你应该采取什么措施呢?

要与小偷斗智斗勇,千万不要硬来,以免惹怒他,造成更严重的后果。

做任务

教育孩子什么是"偷"？千万不要"偷"东西。

★ 告诉孩子什么是"偷"。

　　偷即窃取，凡不是自己的财物，未经同意擅自取用或侵占就是偷。告诉孩子"偷东西"是不道德的行为，会让人讨厌、鄙视，甚至会受到法律的制裁。

★ 分析孩子"偷东西"的原因：①占有欲强，对没有玩过的东西比较好奇，想马上得到。②冒险心理，在别人不知道的情况下，拿走他的东西，是一件非常刺激的事情。他并不知道偷东西是卑劣的事情。

★ 发现孩子有"偷东西"的行为时，应该采取什么措施呢？
　　①要给孩子树立正确的道德观，试问如果你的东西被别人偷走了，你会是什么心情？让孩子懂得关心别人，改正错误。②告诉孩子遵守社会行为规范，约束自己的行为，不要对别人造成伤害，靠努力追求自己幸福的生活。

捉迷藏和同伴走失了

悠悠和妹妹去公园的树林里玩捉迷藏,悠悠躲到了很远的小树后面,等啊等,妹妹一直没过来找自己。哎呀,不会和妹妹走散了吧?这可怎么办呢?

Danger

1 小运在原地大声呼喊同伴。

2 小运带着爸爸妈妈一起来找同伴。

Warning

小朋友听我说

捉迷藏是个有趣的户外活动,但是如果捉迷藏时和小伙伴们走失了怎么办呢?下面我们一起来学习一下。

❶ 导致儿童走失的主要原因是什么?

答:孩子走失往往是看到了感兴趣的事,而没有跟随大人;二是人多时,家长疏忽大意;三是孩子走失家长没有第一时间察觉;四是拐卖儿童犯罪朝集团化、职业化发展,有强大的买方市场。

❷ 捉迷藏和同伴走失了怎么办?

①大声地呼喊同伴,也许同伴躲在一个你找不到的角落里了。②不要四处乱跑,等待同伴过来找你,这时候同伴很可能在找你,如果你乱跑,可能和同伴走了相反的方向。③如果等了一段时间还不见同伴来找自己,要赶紧回家,请爸爸妈妈给同伴的家长打电话,一起寻找同伴,并拨打110报警电话。

悠悠,大声喊妹妹的名字,如果等了一会儿还不见她,要赶紧找父母想办法。

小运,做得不错。

做任务

实地演练,针对四种走失场景,看孩子如何应对?

★ 列举四种场景,看看孩子如何应对,仔细观察孩子的表现,鼓励孩子面对困难,要勇敢、机智应对。

场景一:超市和家人走失,你该怎么做?
场景二:在学校附近和家人走失,你该怎么做?
场景三:在马路上和家人走失,你该怎么做?
场景四:在回家的路上和家人走失,你该怎么做?

★ 如果与家人走失后,孩子能自己找到回家的路,这是最好的。针对大一点的孩子,家长可以训练孩子的观察能力,如住所附近有何标志性建筑、有哪些公交线路,或是针对经常去的地方如超市、商场等,要告知孩子怎样去和如何回来的路线,以及父母电话等。

Danger

从楼梯上摔下来怎么办

下课了,同学们冲出教室,想赶快去操场上玩儿。来到楼梯口时,有的飞奔跑下楼,有的坐在楼梯扶手上往下滑……这不,瑞瑞一不小心没踩稳,从台阶上摔了下来。好危险啊,这时的瑞瑞应该怎么办呢?

1 曲名站起来活动各个关节。

2 张帆爬起来继续追赶伙伴。

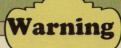

小朋友听我说

淘气的你是不是在上下楼时爱蹦蹦跳跳呢？如果不小心摔下楼梯，很可能造成严重的后果，那么摔下楼梯后我们应该怎么办呢？

1 上下楼梯时应该注意哪些问题？

答：首先上下楼梯不要乱跑乱跳，要用手扶护栏，一个台阶一个台阶地走，不要打闹推挤，要相互礼让，靠右侧通行，以免撞到人或是把脚扭伤；其次不能把楼梯当成滑梯，这样的行为十分危险。

2 从楼梯上摔下来怎么办？

①摔下楼梯后，应缓慢站起来，活动一下各个部位的关节，看看是否有骨折或脱臼等情况。②如果骨折或脱臼，要待在原地不动，大声呼救请人过来帮忙或者帮你拨打120急救电话。③如果只是出现瘀青，可以慢慢站起来找一些跌打损伤的药膏涂抹在瘀青部位，注意不要剧烈运动。

瑞瑞，快看看有没有伤到？如果受伤了，要赶快请老师帮忙。

张帆，不可马虎大意，还是先检查一下自己有没有受伤吧！

做任务

知识点延伸：为什么下楼梯比上楼梯轻松呢？

★ 和孩子一起上下楼梯时，问问孩子：你觉得上楼梯和下楼梯相比，哪个轻松一些？为什么？

★ 从物理学的角度解释：为什么下楼梯比上楼梯轻松呢？
首先告诉孩子什么是重力？重力是物体由于地球的吸引而受到的力。重力的方向总是竖直向下。下楼时重力做正功，上楼时，力的方向是反的，人要克服重力，做负功，下楼比上楼自然要轻松很多。

★ 通过"下楼梯比上楼梯要轻松"这一现象，告诉孩子人要有志气，要勇敢拼搏，不能自甘落后，只有不懈努力，才能取得成功。

头发卷进电吹风里

小米洗完头发,想用电吹风试着吹干头发,结果由于使用不当,头发卷进了电吹风里,这可急坏了小米,我们快来帮帮她吧。

Danger

1 明敏立刻关掉电源。

2 芳芳很生气使劲拽头发。

Warning

小朋友听我说

晚上洗头时,为了让头发尽快干,防止感冒,很多大人、小孩都会用电吹风吹头发,但如果头发被电吹风卷进去了,该怎么办呢?

1 简单说说如何保养我们的头发?

答:①保持头发的干净卫生。②儿童不烫发、染发,不要经常使用吹风机吹头发。③保持良好的睡眠。④多吃一些有益头发健康的食物,如核桃、黑芝麻等。⑤保持心情舒畅。

2 头发卷进电吹风里怎么办?

①立刻关闭电源,以免正在工作的电吹风将更多头发卷进去。②卷进电吹风的头发要慢慢地,一点点儿地拿出来,不要因为心急使劲地拽头发,这样很容易因为太过用力而拽伤头皮。③叫爸爸妈妈来帮忙,必要的时候只能"牺牲"头发,将卷进去的头发剪断了。

小米,使用电吹风,还是请爸爸或妈妈来帮忙比较安全。

看来电吹风使用不当,也会成为"杀手"啊!

做任务

和孩子一起认识头发,为什么说儿童不宜染发、烫发?

★ 首先和孩子一起来认识头发。

家长提几个问题,如头发是器官吗?头发的作用是什么?头发为什么会有不同颜色呢?引起孩子的求知兴趣,然后家长依次回答。

如头发不是器官,因为它没有神经、血管和细胞;头发的作用除了美观外,还起到保暖,保护我们头部的作用;头发除后天染色外,还因为基因不同而产生不同的颜色。

★ 为什么说儿童不宜染发、烫发?

儿童的头发就像他们的身体一样都在生长发育中,发质细密娇嫩,染烫会损伤发质,从而变黄变脆,失去光泽,影响头部汗液蒸发,滋生细菌,引发皮炎。

此外,染烫发的药水含有对人体有害的化学成分,易造成脱发,致癌或引发其他疾病。

　　留言条是一种表达方式，虽不及电话、手机方便快捷，但它所能传达的是那些通信工具不能表达的特殊情感，让爱体现在字里行间。下面我们就来学习写留言条的格式：

　　1.称呼：顶格写，给谁写的，就写谁的名字。

　　2.正文：称呼下一行空两格写正文，简单明了地把事情说明白。

　　3.署名：正文右下角写清谁留的条子。

　　4.日期：署名下写清楚年、月、日。

　　5.举例说明：

然然：

　　妈妈的钥匙找到了，原来是落在单位了。妈妈以为是你给藏起来了，所以对你发了脾气，对不起，请原谅妈妈。瞧，我做了你最爱吃的草莓豆沙饼，咱们和好吧。

爱你的妈妈
2015年1月30日

　　留言可以把不方便当面与孩子探讨的事情，用留言条的方式和孩子进行沟通，传递爱和温暖。